Neue Thüringer Festtagskuchen & mehr

Gudrun Dietze

Neue Thüringer Festtagskuchen & mehr

Seite 2 von links nach rechts: Gefüllter Mohnkuchen (Seite 38), Mandarinenkuchen (Seite 34), Birnen-Heidelbeer-Schnitten (Seite 54), Gefüllter Mohnkuchen, Birnen Heidelbeer-Schnitten, Mandarinenkuchen, Gefüllter Mohnkuchen

Trotz gewissenhafter Bearbeitung kann eine Haftung für den Inhalt nicht übernommen werden. Für aktuelle Ergänzungen und Anregungen ist der Verlag jederzeit dankbar. Wir bedanken uns bei allen, die uns unterstützt haben.

Impressum

Gerichtsweg 28 | 04103 Leipzig
Tel.: 0341 / 493574-0, Fax: 0341 / 493574-40
www.buchverlag-fuer-die-frau.de

Backen der abgebildeten Kuchen, Torten und Plätzchen (außer Titel und Seite 42): Konditormeister Stefan Gerhard Salzer, Thallwitz
Titelfoto: zebratomato, Shutterstock.com
Innenfotos: Werbestudio Anke Hämsch, Gostemitz außer Seite 26, 36, 44, 66, 77: Colourbox.de; Seite 42: zebratomato, Shutterstock.com
Einband: serfling.media, Leipzig
Satz, Repro, Typografie: Gudrun Hommers, Berlin
Druck und Bindung: COULEURS Print & More GmbH
Printed in European Union

2. Auflage 2022
ISBN 978-3-89798-649-7

Inhalt

Backen ist Liebe und Genuss

Thüringen kann sich zu Recht das grüne Herz Deutschlands nennen – doch ebenso auch das süße! Sogar die Kuchenkenner Sachsens geben sich geschlagen vor der Vielfalt und Raffinesse der Thüringer Backspezialitäten. Einer der beliebtesten Bräuche zu Festlichkeiten sind die prachtvollen, bunten Platten oder Kuchenteller mit den in streichholzschachtelgroße Stückchen geschnittenen köstlichen Kuchen vom Blech.

Unsere Thüringer Erfolgsautorin und einstige Backfrau Gudrun Dietze hat diese wunderbare Tradition in zahlreichen Büchern aufgearbeitet und auch für junge Leser bewahrt. Vor rund 30 Jahren, im Frühjahr 1993, erschien Gudrun Dietzes erstes Backbuch im damaligen Verlag für die Frau. Der »Thüringer Festtagskuchen« verführte (und verführt noch heute) mit 69 Rezepten für beliebte, zum Teil bereits vergessene und dabei so wohlschmeckende Hefe- und Backpulverkuchen vom Blech – mit Früchten, Konfitüre, Schokolade und Nüssen, mit Quark- und Puddingfüllungen und knusprigen Streuseln.

Kein Wunder, dass dieses Buch mittlerweile als Klassiker unter den Thüringer Backbüchern gilt. Über 30 Auflagen und mehr als 250 000 verkaufte Exemplare sprechen für sich. Weder Verlag noch Autorin hätten vermutet, dass das liebevoll titulierte »blaue Kuchenbuch« eine solche Erfolgsgeschichte schreiben würde.

Inzwischen ist die *Thüringer Küchenbibliothek* von Gudrun Dietze auf 13 Bände angewachsen. Und nicht nur in Thüringen wird »nach Gudrun« gekocht und gebacken. Deutschlandweit gehören die Koch- und Backbücher von Gudrun Dietze inzwischen in vielen Haushalten zur Grundausstattung. Alle Dietze-Kuchen-Fans können sich nun freuen. Die Bäckerin aus Leidenschaft hat in der seit ihrem letzten Buch vergangenen Zeit so viele neue Rezepte entdeckt und ausprobiert, dass wir Ihnen, liebe Leser, nun voll Freude dieses Buch präsentieren können. In ihrem 14. Band versammelt Gudrun Dietze rund 60 neue Backrezepte für alle Tage, Jahreszeiten und Festlichkeiten.

Ob rustikale Kuchen vom Blech oder feine Torten und Kuchenschnitten – beim Verkosten dieser Backwerke werden Ihre Geschmacksnerven jubilieren. Der Ausdruck vom »auf der Zunge zergehen« scheint extra für lockerleichtes Gebäck dieser Art erfunden worden zu sein. Hier verbinden sich zarte Mürbeteig- oder Schokoböden mit Früchten, Sahne oder Quark, mit Schokolade, Marzipan, Nüssen und feinen Joghurt- oder Puddingcremes zu kulinarischen Höhepunkten, die sich Apfel-Schmand-Torte, Orangen-Zitronen-Torte oder Cappuccinotorte, Himbeer-Frischkäse-Schnitten, Kirsch-Sahne-Schnitten oder Wolken-Schnitten nennen. Dazu kommt eine Fülle von verführerisch gut schmeckenden, traditionellen und modernen Blechkuchen wie Erdbeer-Rhabarber-Kuchen, Mandarinenkuchen, gefüllter Mohnkuchen oder der lustige Gespensterkuchen.

In bewährter Weise hat die passionierte Backfrau alle Rezepte mehrmals ausprobiert und dabei stets auf das Maximum an Wohlgeschmack geachtet, sodass kein Boden zu trocken und kein Belag zu flüssig ist. Alle Rezepte sind absolut alltagstauglich, gelingsicher und natürlich mit Genussgarantie. Dazu gibt's die beliebten, nützlichen Dietze-Tipps und Backhinweise.

Freuen Sie sich mit uns über einen neuen Band der *Thüringer Küchenbibliothek* und ein tolles Buch zum 25-jährigen Erscheinungs-Jubiläum von Gudrun Dietzes Backbucherstling.

Wir wünschen unserer Autorin noch viele schöne Jahre bei bester Gesundheit, mit Freude am Kochen und Backen und an den Kontakten zu ihren zahlreichen Lesern. Zugleich bedanken wir uns bei Gudrun Dietze für die stets zuverlässige, genussreiche und so erfolgreiche 25-jährige Zusammenarbeit. Und Ihnen, liebe Leserinnen und Leser, wünschen wir nun viel Freude beim Lesen, Anschauen der schönen Fotos und gutes Gelingen beim Ausprobieren der Rezepte.

Ihr
BuchVerlag für die Frau

Leipzig im Oktober 2018

Rustikale Hefe- und Backpulverkuchen

Hefeteig Grundrezept

(für 1 Backblech)

Weiche Margarine, Zucker und Salz gut verrühren. Mehl darüber sieben und mit der in lauwarmer Milch aufgelösten Hefe gut verkneten. Zugedeckt im Warmen 1 Stunde gehen lassen, nochmals gut durchkneten, ausrollen und nach dem jeweiligen Rezept weiter verarbeiten.

80–100 g Margarine
70 g Zucker
1 Prise Salz
350 g Mehl
80–100 ml Milch
20 g frische Hefe
evtl. abgeriebene Zitronenschale

Tipp: Gibt man ein Ei dazu, wird der Teig etwas stabiler. In dem Fall die Milchmenge etwas reduzieren. Ein guter Teig für feuchte Fruchtbeläge.

Seite 8, vorn links: Erdbeer-Rhabarber-Kuchen (S. 37), rechts Engelsbissen (S. 17)

Erdbeerkuchen

(für ½ Backblech oder Springform 26 cm Ø)

Teig:
100 g Margarine
100 g Zucker
2 Eier
150 g Mehl
½ TL Backpulver

Belag:
Erdbeermarmelade
400 g frische Erdbeeren
100 ml Wasser
2–3 EL Zucker
1 EL Zitronensaft
2 Pck. Erdbeertortenguss

Backzeit: 10–15 Minuten
Backhitze: 180 °C

Margarine und Zucker cremig schlagen. Eier nach und nach hinzufügen. Mehl mit Backpulver vermischen und unterrühren. Den Teig in die Form geben und backen.

Den abgekühlten gebackenen Boden umdrehen und die Oberseite ganz dünn mit Marmelade bestreichen. Die geputzten Erdbeeren mit Wasser, Zitronensaft und Zucker fein pürieren, auf die Herdplatte stellen und den Tortenguss einrühren. Das Ganze aufkochen, dabei immer umrühren. Ist alles gut gebunden, über die Marmelade streichen und den Kuchen bis zum Verzehr kühl stellen.

Ein feiner, fruchtiger, tortenähnlicher Kuchen, den man auch gut mit Sahne dekorieren kann.

Stachelbeerkuchen von frischen Beeren

(für ½ Backblech oder Springform 26 cm Ø)

Alle Teigzutaten zu einem Mürbeteig kneten und auf ein Kuchenblech ausrollen (oder Tortenform 26 cm Ø). Alle Zutaten von Quark bis Schmand untereinander rühren und auf den Mürbeteigboden streichen. Stachelbeeren darüber streuen.

Für die Decke von Mehl bis Schmand alles kräftig untereinander schlagen. Die Decke soll nicht zu flüssig sein, sie wird auf die Beeren aufgestrichen. Backen.

Abgekühlt mit fast erkalteter zerlassener Butter bepinseln. Später Staubzucker darüber streuen.

Teig:
65 g Margarine
50 g Zucker, 175 g Mehl
½ TL Backpulver
1 Ei
1 Pck. Vanillezucker

Belag:
250 g Quark (20%)
1 Ei
1 Pck. Vanillezucker
75 g Zucker
1 TL Speisestärke
Saft und Schale von ½ Zitrone
75 g Schmand
300 g frische Stachelbeeren

Decke:
50 g Mehl
75 g Zucker
¼ TL Backpulver
1 Ei, 1 EL Rum
125 g Schmand
50 g Butter
Staubzucker

Backzeit: 40–50 Minuten
Backhitze: 170–180°C

Kakaokuchen mit Walnusscreme

(für ½ Backblech oder Springform 26 cm Ø)

Teig:
100 g Margarine
100 g Zucker
2 Eier
125 g Mehl
1 geh. EL Kakao
1 TL Backpulver

Creme:
100 g Walnüsse
250 ml Milch
1 Pck. Soßenpulver Vanillegeschmack
1 geh. EL Speisestärke
1–2 EL Zucker
40 g Butter
40 g feste Würfelmargarine
2 TL Hartfett

Garnitur:
50 g zerlassene dunkle Kuvertüre oder Schokolade
2 TL Öl, 1 TL Butter

Backzeit: 10–15 Minuten
Backhitze: 180 °C

Margarine und Zucker schlagen. Eier nach und nach zu einer cremigen Masse unterschlagen. Mehl, Kakao und Backpulver langsam unterrühren. Den Teig in die Form geben und backen.

Den gebackenen Boden umdrehen und auskühlen lassen. Walnüsse grob zerkleinern und in trockener Pfanne leicht rösten. Von Milch, Speisestärke, Soßenpulver und Zucker einen Pudding kochen.

Butter und Margarine mit zerlassenem Hartfett cremig schlagen und den handwarmen Pudding unterschlagen. Die erkalteten Walnüsse unter die cremige Masse rühren. Die Creme auf den Kakaoboden streichen.

Kuvertüre und das Öl mit Butter zerlassen und mit Schokolinien die Kuchenoberfläche verzieren.

Haferflocken-Pflaumenmus-Kuchen

(für ½ Backblech)

Teig:
100 g Margarine
2 Pck. Vanillezucker
100 g Zucker
1 Ei
175-200 g Mehl
½ Pck. Backpulver

Belag:
1 Glas Pflaumenmus (400 g)
evtl. 1–2 EL Grieß
100 g Haferflocken
75–100 g Zucker
75–100 g Butter

Guss:
1 kleines Ei
3 EL Zucker
3 EL Kakao
75–100 g Hartfett
2–3 EL Rum

Backzeit: 20–25 Minuten
Backhitze: 180–200 °C

Von Margarine bis Backpulver einen Mürbeteig kneten, der nicht zu fest sein soll. ½ Stunde kühl stellen.
Den Teig mit Hilfe von etwas Mehl auf die Hälfte eines Kuchenblechs ausrollen.
Pflaumenmus, das evtl. sehr flüssig ist, mit Grieß andicken und auf den Teig streichen. Haferflocken in einer Pfanne mit Butter und Zucker rösten und etwas abgekühlt über das Pflaumenmus streuen. Backen.

Backwerk auskühlen lassen, dann reichlich Schokoladenguss darüber geben. Dafür Ei mit Zucker cremig schlagen, Kakao darunter rühren und mit dem zerlassenen Hartfett gut verrühren. Zuletzt mit Rum oder Milch alles glatt rühren.

Ein knusprig-saftiger Kuchen aus alten Zeiten.

Schoko-Bienenstich Kuchen

(für ½ Backblech)

Leicht angewärmtes Weizenmehl (Zimmertemperatur) in eine nicht zu kleine Schüssel sieben. In die Mitte eine Vertiefung für das Hefestück drücken. In die lauwarme Milch 1 TL Zucker und die Hefe bröckeln, verquirlen, vorsichtig in die Mitte der Schüssel gießen und mit einem Teil des Mehls zu einem dicken Brei verrühren. Margarine in Flöckchen und den restlichen Zucker auf den Mehlrand geben. Gewürze hinzufügen. Die Schüssel warm stellen. In 20 bis 25 Minuten ist das Hefestück »aufgegangen«. Jetzt alle übrigen Zutaten in den Teig einarbeiten, dabei das Mehl nach und nach unterkneten. Der Teig sollte straff, aber nicht zu fest sein. Anschließend muss der Teig ca. 1 Stunde im warmen Raum ruhen. Teig halbieren, eine Hälfte einfrieren oder für einen zweiten Kuchen verwenden. Die andere Teighälfte auf bemehlter Unterlage ausrollen und auf die Hälfte des gut gefetteten Blechs legen.

Für den Belag aus Milch, Puddingpulver und Soßenpulver einen Pudding kochen. Eigelb und Zucker cremig aufschlagen und den abgekühlten Pudding unterschlagen. Kakao unterziehen. Alles auf den ausgerollten Hefeteig streichen. Etwas antrocknen lassen. Mandelblättchen und Zucker (am besten karamellisieren) auf die Puddingcreme streuen. Backen. Erkaltet mit zerlassener Butter bepinseln.

Hefeteig für trockene Kuchen:
300 g Mehl
100 ml Milch
65 g Zucker
15 g Hefe
50 g Margarine
25 g Butterschmalz oder Schweinefett
1 Prise Salz

Belag:
600 ml Milch
1 Pck. Puddingpulver Vanillegeschmack
1 Pck. Soßenpulver Vanillegeschmack
3 Eigelb
75–100 g Zucker
3 gestr. EL Kakao
100 g Mandelblättchen
½ EL Zucker
50 g Butter

Backzeit: 20–25 Minuten
Backhitze: 180–200 °C

Marzipankuchen mit Blätterteigdecke

(für 1 Springform 26 cm Ø oder 25 x 25 cm Backform)

Blätterteigdecke:
1 Pck. Frischer Butter-Blätterteig aus dem Kühlregal

Mürbeteigboden:
(für 2 Stück á 26 cm Ø):
100 g Zucker, 200 g Butter
350–400 g Mehl
1 Ei, 1 TL Backpulver

Belag:
200 g Rohmarzipan
½ Fl. Bittermandelöl
75 ml Milch
1 Pck. Soßenpulver Vanillegeschmack
250 ml Milch, 1 Ei, 1 EL Zucker
2–3 EL rote Marmelade

Creme:
250 ml Milch, 1 EL Zucker
1 Pck. Soßenpulver Vanillegeschmack, 1 EL Speisestärke,
75 g Butter, 50 g feste Margarine

Backzeit Blätterteig:
ca. 15–20 Minuten
Backhitze Blätterteig: 190–200 °C
Backzeit: 20–25 Minuten
Backhitze: 180 °C

Den Blätterteig auf einem mit Backpapier belegten 26er-Tortenblech ausrollen, überhängenden Rand abschneiden und evtl. anderweitig verwenden.
Den Teig mit einer Gabel mehrmals einstechen und backen.
Alle Zutaten für den Mürbeteig mit einem Messer untereinander hacken. Nun erst mit kalten Händen zu einer Kugel verkneten und 1 Stunde kühl stellen. Dann halbieren.

Marzipan zerzupfen, mit Öl und 75 ml Milch zu einem Brei schlagen. Milch mit Soßenpulver und Zucker zu einem Pudding kochen, vom Feuer nehmen und mit dem Marzipanbrei verrühren. Abgekühlt das Ei unterrühren. Eine Hälfte vom Mürbeteig auf einem 26er-Tortenblech ausrollen, mehrmals mit einer Gabel einstechen. Dann den Marzipanbrei darüber verteilen. Backen.

Abgekühlt die Marmelade auf dem Marzipanboden verstreichen. Nun die Vanillecreme darüber streichen. Dafür aus Milch und Soßenpulver einen Pudding kochen und noch handwarm mit der cremig geschlagenen Butter-Margarine-Masse zu einer Creme verschlagen. Den Blätterteig darüber decken und die Decke mit Staubzucker besieben.

Tipp: Der zweite Mürbeteigboden kann eingefroren werden.

Engelsbissen

(für 1 Backblech)

Eier mit Zucker cremig schlagen. Puddingpulver, Speisestärke, Backpulver und Öl unterschlagen. Auf ein mit Backpapier belegtes Kuchenblech streichen. Backen.
Götterspeise und Rote Grützepulver in etwas warmem Wasser anrühren, mit Zucker und dem Rest Wasser zu einem straffen Pudding aufkochen. Hartfett in die heiße Masse rühren. Butter und Margarine schaumig schlagen, den handwarmen Pudding löffelweise unterschlagen. Den gebackenen Boden in der Mitte längs teilen. Die reichliche Hälfte der Creme auf einen Boden streichen, die andere Hälfte des Bodens auf die Creme legen. Die restliche knappe Hälfte der Creme auf die Oberfläche streichen. Baiserröschen aus dem Supermarkt zerbröseln und auf die Creme streuen. Kuchen in kleine Stücke schneiden.

Dieses Gebäck mit seiner säuerlich-fruchtigen Creme und den süßen Baiserbröckchen schmeckt zu jeder Jahreszeit und ist immer ein Blickfang auf dem Kaffeetisch.

Teig:
3 Eier
100 g Zucker
3 Pck. Puddingpulver Vanillegeschmack
1 TL Speisestärke
1 TL Backpulver
4 EL Öl

Creme:
1 Pck. Rote Götterspeise
1 Pck. Rote Grütze glatt
400 ml Wasser
4–5 EL Zucker
25 g Hartfett
75 g Butter
50 g Würfelmargarine
Baiserröschen (Schaumgebäck)

Backzeit: 15–20 Minuten
Backhitze: 200 °C

Nusskuchen mit Eierlikörguss

(für ½ Backblech oder Springform 26 cm Ø)

Teig:
150 g Butter oder Margarine
100 g Zucker
1 Pck. Vanillezucker
3 Eier
100 g Mehl
1 TL Backpulver
75 g grob gemahlene Nüsse

Guss:
5 EL Wasser
1 TL Gelatine
150 ml Eierlikör

Backzeit: 15–20 Minuten
Backhitze: 180 °C

Butter, Zucker und Vanillezucker schön glatt schlagen. Eier nach und nach unterrühren. Mehl mit Backpulver mischen und unterrühren. Die Nüsse unterheben.
Auf dem gut gefetteten Blech oder in der Springform backen, bis die Oberfläche leicht gebräunt ist.

Wasser mit Gelatine unter Rühren leicht erwärmen, bis keine Klümpchen mehr vorhanden sind.
Zum Eierlikör geben und mit dem Schneebesen gut unterrühren. Alles auf den abgekühlten Boden streichen. Kalt stellen.

Tipp: Mit Schokoraspeln oder Linien aus Schokoguss verzieren.

Stachelbeerkuchen

(für ½ Backblech)

Quark-Öl-Teig
(falscher Hefeteig):
75 g Quark
50 g Zucker
4 EL Milch
3 EL Öl
Salz
150–175 g Mehl
½ TL Backpulver

Alle Zutaten zu einem Teig verkneten, auf die Hälfte eines Kuchenblechs ausrollen, mit der Gabel einstechen. (Der Teig verträgt langes Stehen nicht und wird weich.)

Guss:
250–300 ml saure Sahne
3 EL Zucker
2 Eier
1–2 TL Speisestärke
500 g Stachelbeeren
(frisch oder gefrostet)

Von Sahne bis Speisestärke alles gut verquirlen oder schlagen. 2–3 EL der Flüssigkeit auf den ausgerollten Teig streichen und die Beeren darüber verteilen. Restliche Gussmasse über den Beeren verstreichen.

Streusel:
100 g Butter
100 g Mehl
50 g Kokosraspeln
75 g Zucker
1 TL Zimt
1 Pck. Vanillezucker

Aus den Zutaten Streusel kneten, über den Kuchen streuen und backen.

Abgekühlt mit fast erkalteter zerlassener Butter bepinseln und vor dem Auftragen mit Staubzucker besieben.

Backzeit: 30–35 Minuten
Backhitze: 180–200 °C

Tipp: Die Kokosraspeln im Streuselteig verhindern, dass die Streusel auf dem Guss weich werden.

Schoko-Kokos-Kuchen

(für ½ Backblech oder Springform 26 cm Ø)

Teig:
150 g Margarine
150 g Zucker
3 Eier
125 g Mehl
50 g Kakao
1 TL Backpulver

Belag:
500 ml Milch
150 g Zucker
50 g Grieß (5–6 EL)
175 g Butter
75 g Kokosraspel

Guss:
100 g Kuvertüre
2 TL Butter
2 TL Öl
Garnitur nach Belieben

Backzeit: 15–20 Minuten
Backhitze: 180–200 °C

Margarine und Zucker gut verschlagen, Eier nach und nach unterziehen, bis alles cremig ist. Mehl, Kakao und Backpulver mischen und unterrühren. Backen.

Milch erhitzen (nicht kochen), Grieß und Zucker unter Rühren in die heiße Milch einrieseln lassen. Alles aufkochen, bis die Masse dicklich ist. Butter und Kokosraspel hineinrühren. Die Grieß-Kokos-Masse auf den abgekühlten Boden streichen. (Sie wird bis zum nächsten Tag noch fester und deshalb am besten erst am nächsten Tag mit dem Guss überziehen.)

Für den Guss Kuvertüre und Butter zerlassen, Öl einrühren. Alles auf die völlig erkaltete Grießmasse streichen.

Tipp: Kann noch mit weißer Schokolade garniert werden.

Birnenkuchen

(für ½ Backblech oder Springform 26 cm Ø)

Teig:
2 Eier
100 g Zucker
100 g Butter
125 g Mehl
1 TL Backpulver
1 EL Kakao
50 g Blockschokolade oder Kuvertüre
2–3 große Birnen oder 1 Dose Birnen
Saft von 1 großen Zitrone

Belag:
300 ml Birnensaft
2-3 EL Zucker
1 Pck. Puddingpulver Vanillegeschmack
25 g Hartfett
25 g Butter
25 g Margarine
Schokoblättchen

Backzeit: 30–35 Minuten
Backhitze: 180 °C

Seite 23, links: Stachelbeerkuchen (S.11), rechts: Birnenkuchen

Eier mit Zucker und Butter cremig schlagen. Mehl, Backpulver und Kakao allmählich unterschlagen und die zerlassene Schokolade unterrühren.
Die geschälten Birnen in 1 cm dicke Scheiben schneiden und mit Zitronensaft beträufeln. Rohe Birnen in 250 ml heißes Wasser mit Zucker legen und kurz etwas weich dünsten. Gut abgetropft auf den ausgerollten Schokoteig legen. Backen. (Wenn man Birnen aus der Konserve verwendet, geht es viel schneller.)

Von 300 ml abgetropftem Birnensaft einen Pudding kochen und das Hartfett einrühren. Geschlagene Butter und Margarine unter den handwarmen Pudding schlagen. Die Birnencreme auf dem erkalteten Kuchen verteilen. Mit Schokoblättchen bestreuen.

Tipp: Gibt man auf die Birnen nur die Hälfte der Creme und darüber eine Zitronengötterspeise, schmeckt der Kuchen auch sehr gut.

Mandel-Grütze-Kuchen

(für ½ Backblech oder Springform 26 cm Ø)

Mürbeteig für ½ Blech:
150 g Mehl, 100 g Butter,
50 g Zucker, 1 Ei

Mandelbelag:
50 g Zucker, 50 g Honig
100 g Margarine
100 g gemahlene Mandeln
¼ Fläschchen Bittermandelöl
2 Eier

Grützebelag:
700 ml Wasser
1 Pck. Rote Grütze glatt
1 Pck. Rote Grütze mit Grieß
5–6 EL Zucker
Saft von 1 Zitrone

Creme:
400 ml Milch
1 Pck. Puddingpulver Vanillegeschmack, 2 EL Zucker
75 g Butter, 75 g Margarine

Garnitur:
Schokoblättchen

Aus den Zutaten einen Mürbeteig kneten und auf dem gefetteten Blech ausrollen.
Margarine mit Zucker und Honig zusammen zerlassen, Mandeln und Bittermandelöl unterrühren. Abkühlen lassen und die Eier untermischen.
Alles auf den ausgerollten Mürbeteig streichen und backen.

Von Wasser, den beiden Päckchen Grütze, Zucker und Zitronensaft einen straffen Pudding kochen. Auskühlen und etwas quellen lassen. Dann vorsichtig über die ausgekühlte, schon etwas fest gewordene Mandelmasse streichen.

Für die Creme von Milch, Puddingpulver und Zucker einen Pudding kochen. Butter und Margarine cremig schlagen, den handwarmen Pudding löffelweise unterschlagen. Ist die Grütze fest geworden, kann die Creme darüber gestrichen werden.
Mit Schokoblättchen oder -linien verzieren.

Backzeit: 20–25 Minuten
Backhitze: 180–200 °C

Tipp: Die feste Würfelmargarine wird nicht aus Sparsamkeit eingesetzt, sondern gibt der Creme Stabilität.

Apfelkuchen mit Zitronenguss

(für ½ Backblech oder Springform 26 cm Ø)

Butter und Zucker cremig schlagen. Eier nach und nach unterschlagen. Abgeriebene Zitronenschale und Mehl mit Backpulver mischen und unterrühren. Auf ½ Kuchenblech oder in eine Springform von 26 cm Ø streichen. Semmelmehl oder Grieß darüber streuen, damit der Teig nicht durchweicht. Apfelscheiben darüber legen. Mit Rumrosinen und Mandelblättchen bestreuen. Backen.

Erkaltet mit Hilfe eines Löffels einen Zitronenguss über den Kuchen »schneckeln« oder kleckseln. Der Kuchen soll zu ¾ ganz dünn mit diesem ungleichmäßigen Guss bedeckt sein. Ganz dünn Staubzucker darüber pudern.

Tipp: Am besten säuerliche alte Apfelsorten verwenden, z. B. Boskop oder Renette.

Teig:
100 g Butter
100 g Zucker
3 Eier
abgeriebene Zitronenschale
175–200 g Mehl
1 TL Backpulver
etwas Semmelmehl oder Grieß
600–700 g Apfelscheiben
75 g Rosinen
2 EL Rum
50–75 g Mandelblättchen

Guss:
3–4 geh. EL Staubzucker
1 EL Milch
1 EL Zitronensaft

Backzeit: 20–25 Minuten
Backhitze: 180 °C

Fliegenstich

(für ½ Backblech)

Teig:
125 g Margarine
100 g Zucker
2 Eier
1 Eigelb
125 g Mehl
1 leicht gehäufter TL Backpulver
50 ml Milch
50 g Schokoblättchen
Saft von ½ Apfelsine

Guss:
100 g Staubzucker
1 Eiweiß
2 TL Zitronensaft
50 g Hartfett
Schokoblättchen zum Bestreuen

Backzeit: 15–20 Minuten
Backhitze: 180 °C

Margarine und Zucker cremig schlagen. Nach und nach Eier mit Eigelb unterschlagen. Mehl mit Milch und Backpulver zugeben. Schokoblättchen (keine Raspelschokolade) unterheben. Backen.

In den noch heißen Kuchen mit einem Streichholz Löcher einstechen und den Apfelsinensaft mit einem Löffel darüber verteilen. Evtl. noch kurz in der warmen Röhre etwas trocknen lassen, bevor man den weißen Guss darüber verteilt.

Staubzucker mit Eiweiß und Zitronensaft etwas schaumig schlagen. Das abgekühlte Hartfett glatt unterrühren, Guss auf dem Kuchen verteilen und Schokoblättchen nach Wunsch darüber streuen.

Quark-Pudding-Kuchen

(für ½ Backblech oder Springform 26 cm Ø)

Aus den Teigzutaten einen Mürbteig kneten und kühl stellen. Dann den Teig auf die Hälfte eines Backblechs oder in einer Tortenform ausrollen. Vorbacken.

Von Milch, Zucker, Puddingpulver und Soßenpulver einen Pudding kochen. Weiche Butter mit 2 EL Zucker und Eiern gut verrühren. Quark mit Zitronenschale und -saft sowie Vanillezucker verrühren und mit dem Butter-Eier-Gemisch gut vermengen. Alles mit dem lauwarmen Pudding vermischen und gut untereinander rühren. 2 bis 3 Esslöffel Mohn untermischen. Alles auf den vorgebackenen Kuchen streichen. Backen.

Ein leichter, saftiger Kuchen, der mit einem beliebigen Schokoladenguss überzogen werden kann.

Tipp: Quarkkuchen bei nicht zu hoher Temperatur backen. Er treibt schnell hoch und fällt oft zusammen.

Teig:
150–175 g Mehl
½ TL Backpulver
75 g Margarine
75 g Zucker
1 Ei

Belag:
500 ml Milch
2 EL Zucker
1 Pck. Puddingpulver Vanillegeschmack
1 Pck. Soßenpulver Vanillegeschmack
50 g Butter
2 EL Zucker, 2 Eier
350 g Quark (20 %)
abgeriebene Schale von 1 Zitrone
Saft von 1 Zitrone
1 Pck. Vanillezucker
2–3 EL Mohn

Backzeit:
Vorbacken 10–15 Minuten
Fertigbacken 40–50 Minuten

Backhitze: 170–180 °C

Gespensterkuchen

(für 1 Backblech)

Teig:
4 Eier
200 g Zucker
250 g Mehl
¾ Pck. Backpulver

Guss:
ca. 300–350 g Staubzucker
3 EL Zitronensaft
75 g zerlassene Butter
1–2 EL heiße Milch

Backzeit: 10–12 Minuten
Backhitze: 180 °C

Eier mit Zucker dickcremig schlagen. Mehl mit Backpulver langsam unterschlagen. Teig auf ein normales Backblech streichen und backen.

Für den Guss Staubzucker mit Zitronensaft verrühren. Die zerlassene Butter unterrühren. Mit der heißen Milch glänzend rühren (ca. 1–2 Minuten). Guss auf den erkalteten Kuchen auftragen.

Ist der Guss fest geworden, können sich die Kinder damit beschäftigen. Sie können die Oberfläche des Kuchens mit Hilfe von bunter Kuchen- oder Lebensmittelfarbe mit frechen Fratzen mit großen Augen aus Marzipan, zotteligen grünen Haaren usw. schmücken. Oder Gesichter aus Liebesperlen, dicken Zuckerstreuseln oder Streuseln aus Esspapier legen. Der Phantasie sind keine Grenzen gesetzt.

Ein wattig-lockerer Kuchen und zugleich eine lustige Beschäftigung für einen Kindergeburtstag.

Quarkkuchen mit Schokocreme

(für ½ Backblech oder Springform 26 cm Ø)

Teig:
3 Eier
75 – 100 g Zucker
2 EL Zitronensaft
500 g Magerquark
75 g zerlassene Butter
75 g Grieß
½ Pck. Backpulver
1 Pck. Soßenpulver Vanillegeschmack

Schokocreme:
50 g Vollmilchschokolade
50 g weiße Schokolade
1 EL Rum, 50 g Butter

Garnitur:
30 g weiße Schokolade
1 TL Öl

Backzeit: 30 Minuten
Backhitze: 180 °C

Eier trennen. Eigelb mit Zucker etwas cremig schlagen. Zitronensaft und Quark unterrühren. Zerlassene Butter, Grieß, Backpulver und Soßenpulver zugeben. Das geschlagene Eiweiß unterheben. Den Teig in eine gut gefettete Springform geben oder auf die Hälfte eines Backblechs streichen und backen.

Erkaltet eine Schokocreme darüber geben. Dafür Vollmilch- und weiße Schokolade im Wasserbad zerlassen. Den Rum unterrühren. Die weiche Butter etwas cremig schlagen und die handwarme Schokolade langsam unterschlagen. Diese Masse auf den erkalteten Kuchen streichen. Die zerlassene weiße Schokolade mit dem Öl verrühren und mit einem Löffel weiße Schokolinien über die Oberfläche »ziehen«.

Zitronenkuchen mit Schokoguss

(für ½ Backblech)

Eier und Zucker dickcremig schlagen. Buttermilch und Eierlikör, Mehl und Backpulver dazugeben und alles mit einem Schneebesen glatt rühren. Auf die Hälfte eines Backblechs streichen. Backen.

Von Zitronenschale bis Butter alles in einem Topf verquirlen und unter Rühren aufkochen. Eigelb unterrühren und nochmal kurz aufkochen. Auf den gebackenen Kuchen streichen. Im Kühlschrank fest werden lassen.

Kuvertüre, Butter und Sahne im Wasserbad lauwarm zerlassen. Gut verrühren und auf die festgewordene Zitronencreme streichen.

Ein schneller, unkomplizierter und erfrischender Kuchen – säuerlich-süß.

Teig:
2 Eier
75 g Zucker
100 ml Buttermilch oder saure Sahne
100 ml Eierlikör
125 g Mehl
1 TL Backpulver

Zitronenbelag:
abgeriebene Schale von 1 Bio-Zitrone
100 ml Zitronensaft
150 ml Wasser
75-100 g Zucker
1 Pck. Soßenpulver Vanillegeschmack
1 TL Speisestärke
100 g Butter
1 Eigelb

Schokoguss:
75 g Kuvertüre
25 g Butter
4 EL Schlagsahne

Backzeit: 10–15 Minuten
Backhitze: 180 °C

Gedeckter Kokoskuchen mit Cremefüllung

(für ½ Backblech oder Springform 26 cm Ø)

Teig:
125 g Mehl, 75 g Margarine
1 Eigelb, 50 g Zucker
1 Prise Salz, ¼ TL Backpulver

Belag:
¼ – ½ Tasse Milch
75 g Margarine oder Butter
2 EL Honig, 50 g Zucker
75 g Kokosraspeln
1 Ei, 9 EL Milch

Creme:
200 ml Milch, 1 Pck. Soßenpulver Vanillegeschmack
1 gestrichener EL Zucker
50 g Butter, 25 g Margarine

rosa Decke:
75 g Zucker, 1 Ei, 1 EL Wasser
1 Pck. Puddingpulver Erdbeergeschmack, 50 g Mehl
½ TL Backpulver
1–2 EL rotes Getränkepulver

Guss:
100 g Staubzucker, 1 Eiweiß
½ EL Zitronensaft, 75 g Hartfett, bunte Zuckerstreusel

Von Mehl bis Backpulver einen Mürbteig kneten. Den Teig auf die Hälfte eines Backblechs oder in eine Tortenform von 26 cm Ø geben. Mit einer Gabel mehrmals einstechen.

Margarine, ¼ – ½ Tasse Milch, Honig und Zucker aufkochen und die Kokosraspeln unterrühren. Abkühlen lassen. Das Eigelb in die abgekühlte Masse rühren. Die Masse auf den Teig streichen und backen.

Nach dem Backen 9 EL heiße Milch über den heißen Kokoskuchen träufeln. Das macht den Kuchen saftig. Kuchen auskühlen lassen.
Erkaltet eine Vanillecreme darüber streichen. Dafür aus Milch, Zucker und Soßenpulver einen Pudding kochen. Butter und Margarine cremig schlagen und unter den handwarmen Pudding schlagen.

Über diese Cremeschicht kommt eine gebackene leichte rosa Biskuitplatte. Dafür Zucker mit Ei und Wasser cremig schlagen. Puddingpulver und Mehl mit Backpulver vermischen und unter das Zucker-Ei-Wasser schlagen. Das Getränkepulver zugeben, es sorgt für Farbe und Geschmack. Alles verrühren. Diese dünne Decke vorsichtig auf einem mit Backpapier belegten Blech backen.

Erkaltet auf die Creme legen und leicht andrücken. Einen weißen Zitronenguss auf der schönen rosa

Decke verstreichen. Dafür das Eiweiß nicht ganz steif schlagen, Staubzucker mit Zitronensaft unterrühren. Das zerlassene, etwas abgekühlte Hartfett darunter mischen. Nun auf die rosa Decke streichen und noch bunte Zuckerstreusel darüber streuen.

Tipp: Dieser Kuchen wird auch mit Mandeln statt Kokos gebacken. In ganz Thüringen liebt man es bunt.

Backzeit Teig:
20–25 Minuten
Backhitze Teig:
180–200 °C

Backzeit rosa Decke:
5–10 Minuten
Backhitze rosa Decke:
180 °C

»Torfmull«-Kuchen

(für ½ Backblech)

Weiche Margarine mit Zucker gut verschlagen, dann das Ei unterschlagen. Zitronenschale, Zimt und Kakao unterrühren. Mehl mit Natron vermischen und abwechselnd mit der sauren Sahne unter die Eimasse rühren. Auf die Hälfte eines gut gefetteten Blechs streichen und backen.

Das ist ein wollig-lockerer Kuchen, deshalb haben ihm die Thüringer diesen Namen gegeben. Er wird schon seit über 20 Jahren gebacken und ist schnell fertig.

125 g Margarine
75 g Zucker, 1 Ei
1 TL abgeriebene Zitronenschale
1 TL Zimt
1 gestr. EL Kakao
175 g Mehl
½ Pck. Natron
200 ml saure Sahne oder Schmand

Tipp: Mit Schoko- oder Zitronenguss überziehen oder mit etwas angedicktem Eierlikör garnieren.

Backzeit: 20 Minuten
Backhitze: 180 °C

Mandarinenkuchen

(für 1 Blech 25 cm x 25 cm)

Teig:
75 g Margarine
50 g Zucker
1 Ei, 1 Prise Salz
1 Pck. Vanillezucker
175–200 g Mehl
1 gestr. TL Backpulver

Belag:
2 Dosen Mandarinen
250 ml Abtropfsaft
oder Orangensaft
1 Pck. Soßenpulver Vanillegeschmack
2 TL Speisestärke
100 ml Schmand
2–3 EL Getränkepulver
Orangengeschmack
Grieß

Streusel:
75 g Butter
30 g Zucker
75 g Kokosraspeln
75 g Mehl

Backzeit: 25–30 Minuten
Backhitze: 180 °C

Von Margarine bis Backpulver einen Mürbeteig kneten und auf einem entsprechend großen Blech ausrollen.
Mandarinen abtropfen lassen, Saft auffangen.
Aus dem Saft, Soßenpulver und Speisestärke einen Pudding kochen. Schmand und Getränkepulver unterrühren. Die Mandarinen etwas zerschneiden oder halbieren und auch in den Pudding rühren.
Etwas Grieß auf den ausgerollten Teig streuen und die Mandarinenmasse löffelweise darüber verteilen.

Zerlassene Butter, Zucker, Kokosraspeln und Mehl zu Streuseln verkneten und über die Mandarinenmasse streuen. Den Kuchen backen. Abgekühlt mit Staubzucker besieben.

Ein saftiger Knusperkuchen.

Tipp: Wer einen kräftigen gelben, aromatischen Orangensaft hat, braucht kein Getränkepulver.

Schokoladenkuchen festliche Art

(für ½ Backblech)

Teig:
75 g Butter
2 Eigelb
75 g Zucker
150 g Mehl
½ TL Backpulver
50 g grob gehackte Walnüsse
1 EL Kakao
100 ml Milch
50 g gehackte Bitterschokolade oder Kuvertüre
2 Eiweiß, 50 g Zucker

Schoko-Nougat-Creme:
50 g Bitterschokolade
75 g weiße Schokolade
1 EL Nougatcreme
50 g Butter

Backzeit: 25–30 Minuten
Backhitze: 180–200 °C

Weiche Butter mit Eigelb und Zucker cremig schlagen. Mehl, Backpulver, Kakao und Walnüsse unterrühren. Die in Milch etwas aufgelöste Schokolade untermischen. Eiweiß mit Zucker nicht ganz steif schlagen und unter den Teig heben. Backen.

Bittere und weiße Schokolade im Wasserbad schmelzen. Butter mit Nougatcreme cremig schlagen und die handwarme Schokolade langsam unterschlagen. Diese schöne hellbraune Masse auf den Kuchen streichen. Mit der Gabel ein Muster eindrücken. Den Guss schnell auftragen, bevor er fest wird.

Erdbeer-Rhabarber-Kuchen

(für ½ Backblech)

Von Quark bis Backpulver einen Quark-Öl-Teig kneten. Auf die Hälfte eines Backblechs dünn ausrollen. Den Boden mit etwas Grieß bestreuen. Rhabarber in Stücke schneiden und mit Zucker vermischen, mit kochendem Wasser überbrühen (das nimmt die Säure etwas). Gut abgetropft mit den Erdbeerstückchen bunt durcheinander auf dem Teig verteilen.

Eier mit saurer Sahne, Speisestärke und Zucker verquirlen und löffelweise über dem Kuchen verteilen. Backen.

Dieser Kuchen sieht nicht nur schön aus, er schmeckt auch wunderbar.

Quark-Öl-Teig:
75 g Quark oder Frischkäse
50 g Zucker
2–3 EL Milch
2–3 EL Öl
175-200 g Mehl
½ Pck. Backpulver (reichlich)
1 EL Grieß

Belag:
400 g Rhabarberwürfel
250 g Erdbeeren
100 g Zucker

Guss:
2 Eier
200 ml saure Sahne
1 TL Speisestärke
50-75 g Zucker

Backzeit: 30–35 Minuten
Backhitze: 200 °C

Gefüllter Mohnkuchen

(für 1 Backblech)

Teig:
2 Eier (insgesamt 100 g; Größe M)
1 Eigelb
100 g Zucker
100 g Margarine
100 g Mohn
100 g Mehl
½ Pck. Backpulver
3–4 EL Milch

Creme:
250 ml Milch
1 Pck. Soßenpulver Vanillegeschmack
1 EL Speisestärke
1 EL Zucker
75 g Butter
25 g Margarine

Guss:
2 kleine Eiweiß
150 g Staubzucker
100 g Hartfett
2 Msp. rote Kuchenfarbe

Backzeit: 10–15 Minuten
Backhitze: 180 °C

Eier, Eigelb und Zucker mit weicher Margarine cremig schlagen. Mehl, Mohn und Backpulver unterschlagen. Mit der Milch alles glatt rühren. Auf ein mit Backpapier belegtes Backblech streichen und backen.

Aus Milch, Zucker, Soßenpulver und Stärke einen straffen Pudding kochen. Butter mit Margarine cremig schlagen und den handwarmen Pudding löffelweise unterschlagen.

Den gebackenen erkalteten Kuchen in der Mitte senkrecht teilen. Die Creme auf eine Hälfte streichen, die zweite Kuchenplatte darüberlegen und etwas andrücken.

Eiweiß kurz verschlagen, Staubzucker unterschlagen. Das zerlassene etwas abgekühlte Hartfett unterrühren. Die Kuchenfarbe in 1–2 TL Wasser auflösen und unterrühren. Diesen schönen rosa Guss über den Kuchen streichen.

Tipp: Auch ein weißer Zuckerguss oder Schokoladenguss ist möglich.

Nuss-Schokoladen-Kuchen

(für ½ Backblech)

Hefeteig für ½ Backblech:
150–175 g Mehl
50 ml Milch
10–15 g Hefe
30 g Zucker
50 g Margarine
1 Prise Salz
25 g Schweinefett oder Butter (Fett macht den Kuchen schön mürbe)

Belag:
150 g Frischkäse
4 EL Milch
2 TL Zucker
150 g grob geschnittene Walnüsse
1 EL Zucker

Creme:
100 g Bitterkuvertüre
50 g Butter
1 EL Nougatcreme
3 EL Rum oder 1 EL Weinbrand

Backzeit: 25–30 Minuten
Backhitze: 180 °C

Hefeteig wie gewohnt zubereiten und gehen lassen. Dann auf die Hälfte eines Backblechs ausrollen. Mit einer Gabel mehrmals einstechen.
Frischkäse mit Milch und Zucker verrühren und auf den ausgerollten Teig streichen. Die grob geschnittenen Walnüsse mit Zucker leicht karamellisieren und auf den Frischkäse streuen. Backen.

Butter schmelzen und die Kuvertüre in Bröckchen langsam in der Butter schmelzen. Die Nougatcreme einrühren. Den Rum unterrühren. Alles gründlich vermischen und über den Nüssen verteilen. So sieht der Kuchen etwas hügelig aus.

Dieser Kuchen ähnelt einer Tafel Nussschokolade mit Teig.

Tipp: Jeder Hefeteigkuchen kann auch mit einem Quark-Öl-Teig zubereitet werden.

Johannisbeerkuchen

(für ½ Backblech)

Alle Teigzutaten zu einem Mürbeteig verkneten und auf die Hälfte eines Backblechs ausrollen. Mit Marmelade bestreichen.

Nun alle Streuselzutaten in eine Schüssel geben und zu einem Streuselteig verkneten. (Besser verrührt es sich mit einem Handrührgerät.) Nun erst zu Streuseln verkneten. Die knappe Hälfte in kleinen Streuseln auf die Marmeladenschicht krümeln.
Die Johannisbeeren waschen und gut abgetropft über die kleinen Streusel verteilen.
Nun den restlichen Streuselteig in größeren Streuseln über die Beeren geben. Den Kuchen backen.

Tipp: Die frischen gewaschenen Beeren zwischen zwei Blätter Küchenpapier geben und vorsichtig trocken tupfen, denn zu viel Feuchtigkeit ist nicht gut für die Streusel.
Dieser Kuchen lässt sich auch sehr gut einfrieren. Zum Auftauen kurz in die heiße Röhre stellen.

Teig:
75 g Margarine
75 g Zucker
1 Ei
150–175 g Mehl
½ Pck. Backpulver

Belag:
3–4 EL rote Marmelade
400 g frische rote Johannisbeeren

Kokosstreusel:
100 g Butter
100 g Zucker
75 g Mehl
75–100 g Kokosraspeln
1 Pck. Vanillezucker

Backzeit: 20–25 Minuten
Backhitze: 250 °C

Festliche Torten und zarte Kuchenschnitten

Aprikosentorte von frischen Aprikosen

(für 1 Springform 26 cm Ø)

Ei, Zucker und Margarine mit Mehl, Salz und Backpulver verrühren bzw. verkneten und 1 Stunde kalt stellen. Dann auf einem gefetteten Tortenblech (26 cm Ø) ausrollen.

Eier mit Frischkäse, Zucker und Soßenpulver verrühren, die Sahne zugeben und alles zu einer glatten Masse rühren.

Aprikosen waschen, halbieren und entkernen. Den ausgerollten Teig mit Semmelbrösel bestreuen und die halbierten Früchte mit der Rundung nach oben auflegen. Die Eier-Frischkäse-Masse darüber gießen. Backen.

Teig:
1 Ei
2 EL Zucker
50 g Margarine
150–175 g Mehl
1 Prise Salz
½ TL Backpulver

Belag:
2 Eier
300 g Frischkäse
2 EL Zucker
1 Pck. Soßenpulver Vanillegeschmack
200 ml Sahne
2 EL Grieß oder Semmelbrösel
500–600 g Aprikosen

Tipp: Besonders schön sieht die Torte aus, wenn man sie vor dem Backen noch mit Zucker vermischten Mandelblättchen bestreut.

Backzeit: 50–60 Minuten
Backhitze: 180–200 °C

Ananastorte

(für 1 Springform 26 cm Ø)

Teig:
1 Ei, 100 g Zucker
125 g Butter
1 Pck. Vanillezucker
200 g Mehl
¼ TL Backpulver
¼ TL Salz

Belag:
2 EL Grieß
350 ml Ananassaft
1 Pck. Puddingpulver Vanillegeschmack
1 Dose Ananas (9 Scheiben)
200 ml Schmand
oder Crème fraîche
3 Eier
4 EL Zitronensaft
75 g Zucker
50 g Mandelblättchen
50–75 g Rosinen

Backzeit: 40–45 Minuten
Backhitze: 180–190 °C

Das Ei mit Zucker, Butter und Vanillezucker verrühren, Mehl mit Backpulver und Salz unterrühren bzw. kneten. Auf einem gefetteten Tortenblech ausrollen. Grieß darüber streuen und andrücken.

Aus Ananassaft und Puddingpulver einen Pudding kochen und löffelweise über dem Grieß verteilen. Die in Würfel geschnittenen, gut abgetropften Ananasscheiben dicht darüber legen. Schmand mit Eiern, Zucker und Zitronensaft (evtl. auch Zitronenschale) verquirlen, über der Ananasschicht verteilen und breitstreichen. Mit Mandelblättchen und Rosinen bestreuen. Backen, bis die Oberfläche leicht gebräunt ist.

Erdbeertorte – so einfach wie früher, aber sehr gut

(für 1 Springform 26 cm Ø)

Von Butter bis Mehl einen nicht zu festen Mürbteig bereiten, denn der Teig soll nicht ausgerollt werden. Einen kleinen Teil Teig zur Rolle formen. Den großen Rest mit bemehlter Hand in die Form drücken.
Mit der Gabel einstechen. Die zurückbehaltene Teigrolle am Springformrand verteilen. Backen.

Den erkalteten Tortenboden dünn mit Erdbeermarmelade bestreichen. Die Erdbeeren dicht darüber legen, die großen an den äußeren Rand, die kleineren Beeren in die Mitte. Sie können auch etwas übereinander liegen. Eine nach Vorschrift mit reduziertem Wasser zubereitete Götterspeise vor Gelierbeginn über die Erdbeeren geben. Die geschlagene Sahne zur Torte auftragen.

Tipp: Die Götterspeise hält den Kuchen länger frisch.

Teig:
200 g Butter
100 g Zucker
1 Ei
1 Prise Salz
300 g Mehl

Belag:
2–3 EL Erdbeermarmelade
Erdbeeren nach Wahl
1 Pck. Himbeergötterspeise
400 ml Wasser
3 EL Zucker
Schlagsahne nach Bedarf

Backzeit: 15–20 Minuten
Backhitze: 180–200 °C

Erdbeertorte sehr fein

(für 1 Springform 26 cm Ø)

Teig:
3 Eier, 2 EL warmes Wasser
125 g Zucker, 100 g Mehl
50 g Speisestärke
½ TL Backpulver
50 g zerlassene Butter

Belag:
400 g Magerquark
150 g Zucker
Schale und Saft von 1 Zitrone
3 Eigelb, 100 g Butter
200 ml Wasser
1½ Pck. Gelatine
3 Eiweiß
2 EL rote Marmelade
500 g möglichst große Erdbeeren
Mandelblättchen oder gehackte Mandeln

Erdbeerguss:
200 g Erdbeeren
1–2 EL Zucker
1 Pck. roter Tortenguss
100 ml Wasser

Backzeit: ca. 20–25 Minuten
Backhitze: 180 °C

Den Boden 1 Tag vorher backen. Eier mit Zucker aufschlagen, Wasser zugeben und alles schlagen, bis eine cremige Masse entstanden ist. Mehl, Speisestärke und Backpulver ganz langsam und vorsichtig mit der zerlassenen Butter unterschlagen. Teig in die Form geben und backen.
Quark mit 50 g Zucker, Zitrone und Eigelb und dann mit der zerlassenen Butter verrühren. Gelatine in 200 ml warmem Wasser auflösen und mit 3 EL Quarkmasse schnell verrühren. Nun alles flott mit dem großen Rest Quarkmasse vermischen. Die restlichen 100 g Zucker mit dem Eiweiß steif schlagen und mit einem Holzlöffel vorsichtig unter die Quarkmasse heben.

Den gebackenen Tortenboden am nächsten Tag quer durchschneiden und die untere Platte mit Marmelade bestreichen. Die großen halbierten Erdbeeren dicht auflegen und die Quarkcreme darüber streichen.
Den zweiten Boden darüber legen und mit einem Erdbeerguss bestreichen. Den Tortenrand ringsum mit gehackten Mandeln verzieren.

Für den Guss die Erdbeeren mit Zucker pürieren. Tortenguss mit Wasser verrühren, zum Erdbeerpüree geben und alles unter Rühren gut durchkochen.

Das ist eine besonders feine, etwas höhere Obsttorte, die wunderbar schmeckt und tagelang frisch bleibt.

Struwwelpetertorte mit Cappuccinocreme

(für 1 Springform 26 cm Ø)

Teig:
5 Eigelb
50 g Zucker
150 g gemahlene Nüsse
50 g Mehl
1 Pck. Backpulver
50 g Schokostreusel
5 Eiweiß
75 g Zucker

Füllung:
400 ml Milch
1 Pck. Puddingpulver
1 gestr. EL Zucker
25 g Hartfett
100 g Butter
25 g Margarine
4 EL Cappuccinopulver mit Kakao
3–4 EL Marmelade

Backzeit: 35–40 Minuten
Backhitze: 180 °C

Eigelb und Zucker cremig schlagen. Gemahlene Nüsse, Mehl mit Backpulver unterrühren. 50 g Schokostreusel unterrühren. Das mit dem Zucker steif geschlagene Eiweiß unterheben. Den Teig in die Form geben und backen.

Erkaltet ca. 1 cm von der oberen Schicht abschneiden. Von Milch, Zucker und Puddingpulver einen Pudding kochen und das Hartfett einrühren. Butter und Margarine cremig schlagen und den Pudding löffelweise unterschlagen. Cappuccinopulver unterrühren.

Marmelade auf den Tortenboden streichen und die Creme darüber verteilen. Die abgeschnittene obere Schicht vom Tortenboden zerkrümeln und über die Creme streuen. Ganz dünn Staubzucker über die Oberfläche stäuben.

Eine schnelle, aber sehr leckere Torte.

Tipp: Wenn es schneller gehen soll, 400 ml Schlagsahne statt der Cappuccinocreme in die Torte füllen, dann ist sie aber nicht so lange haltbar wie mit der Creme.

Himbeer-Frischkäse-Schnitten

(für 1 Springform 26 cm Ø)

Von Margarine bis Backpulver einen Mürbeteig kneten. Ca. 30 Minuten kühl stellen. Dann auf ein gut gefettetes Tortenblech ausrollen und backen.

Für den Biskuitboden Eier und Zucker cremig schlagen. Mehl mit Speisestärke und Backpulver langsam unterschlagen. Backen.

Marmelade auf den Mürbeteigboden streichen, den Biskuitteigboden darüber legen. Frischkäse und Staubzucker verrühren. Die mit Vanillezucker und Sahnesteif steif geschlagene Sahne löffelweise mit dem Frischkäse vermischen. Auf den Biskuitboden streichen.

Gefrorene, nicht aufgetaute Beeren sofort auf die etwas fest gewordene Sahne-Frischkäse-Masse verteilen.
Die Götterspeise kurz vor Gelierbeginn darüber streichen. Zum Servieren in Schnitten teilen.

Fruchtig-cremige Schnitten.

Mürbeteigboden:
50–75 g Margarine
1 Eigelb
50 g Zucker
1 Prise Salz
125 g Mehl
1 Löffelspitze Backpulver

Biskuitboden:
3 kleine Eier
75 g Zucker
75 g Mehl
½ TL Backpulver
50 g Speisestärke
2–3 EL rote Marmelade

Belag:
200 g Frischkäse
200 ml Sahne
2 Pck. Sahnesteif
50 g Staubzucker
1 Pck. Vanillezucker
500 g Himbeeren (TK)
1 Pck. Himbeergötterspeise
4 EL Zucker
400 ml Wasser

Backzeit: 10–15 Minuten
Backhitze: 180–200 °C

Orangen-Zitronen-Torte

(für 1 Springform 26 cm Ø)

Mürbeteig:
150 g Mehl, ½ TL Backpulver
75 g Margarine, 75 g Zucker
1 Eigelb, 1 EL Wasser

Biskuitböden:
4 Eier, 150 g Zucker
2 EL heißes Wasser, 125 g Mehl, 1 TL Backpulver, 50 g Speisestärke, 1 gestr. EL Kakao

1. Füllung:
75 g Kuvertüre, 100 g Nougatcreme, 75 g Butter

2. Füllung:
Saft von 3 Orangen und 3 Zitronen
4 Pck. Soßenpulver Vanillegeschmack, 4–5 EL Zucker
225 g Butter, 80 g Margarine

Mürbeteig
Backzeit: 10 Minuten
Backhitze: 190 °C

Buiskuitboden hell
Backzeit: 15–20 Minuten
Backhitze: 190 °C

Buiskuitboden dunkel
Backzeit: 15–20 Minuten
Backhitze: 190 °C

Alle Zutaten von Mehl bis Wasser rasch zu einem Mürbeteig kneten (zu langes Kneten macht den Teig bröselig). ½ Stunde kalt stellen. Dann Teig in der Springform ausrollen, backen.

Für die Biskuitböden Eier mit Zucker kurz verschlagen und mit heißem Wasser dickcremig schlagen. Mehl, Backpulver und Speisestärke allmählich unterziehen. Den Teig teilen. Eine Hälfte in die Tortenform (26 cm Ø) streichen und backen.
Die andere Teighälfte mit Kakao und 1 Esslöffel Wasser verrühren, ebenfalls backen.

Die Kuvertüre mit der Nougatcreme langsam schmelzen. Die Butter cremig rühren und mit der abgekühlten Schokomasse verrühren.
Auf den Mürbeteig streichen. Den hellen Biskuitboden darüber legen.
Orangen- und Zitronensaft mit Wasser auf 700 ml auffüllen. Zucker und Soßenpulver vermischen und mit der Flüssigkeit einen straffen gelben Pudding kochen. Butter und Margarine cremig schlagen, den handwarmen Pudding nach und nach unterziehen.
Die Creme auf den hellen Boden streichen.
Den dunklen Boden darauflegen und mit einem weiteren Drittel Creme bestreichen.
Den Rest der Creme für Tortenrand und Garnitur verwenden. Die Torte zusätzlich z. B. mit Mandarinenscheibchen dekorieren.

Cappuccinotorte

(für 1 Springform 26 cm Ø)

Teig:
5–6 Eier, 200 g Zucker
175 g Mehl
50 g Speisestärke
1 gestr. TL Backpulver
100 g gemahlene Mandeln

Creme:
750 ml Milch
2 Pck. Puddingpulver
1 geh. TL Kaffeepulver
10 EL Cappuccinopulver (Karamell)
75 g dunkle Kuvertüre oder Bitterschokolade
150 g Butter
100 g feste Würfelmargarine

Garnitur:
50 g dunkle Kuvertüre oder Bitterschokolade
2 TL Öl
1 TL Butter

Backzeit: 30–35 Minuten
Backhitze: 180 °C

Den Boden 1–2 Tage vorher backen. Eier mit Zucker dickcremig schlagen. Mehl mit Speisestärke und Backpulver vermischt nach und nach langsam unterschlagen. Gemahlene Mandeln darunter heben. Backen.

Nach 1–2 Tagen zweimal quer durchschneiden und füllen. Dafür von Milch, Puddingpulver, Kaffeepulver und Cappuccinopulver einen Pudding kochen. Kuvertüre im Wasserbad schmelzen. Butter mit Margarine cremig schlagen. Den handwarmen Pudding unterschlagen. Die zerlassene zimmerwarme Kuvertüre nach und nach langsam darunter ziehen. Den zweimal durchgeschnittenen Tortenboden zweimal mit Creme füllen, vorher den untersten Boden mit 1–2 EL Marmelade bestreichen. Creme darüber geben, den zweiten Tortenboden aufsetzen, füllen und den letzten Tortenboden darüber legen. Den Rest der Creme auf die Oberfläche streichen.

50 g Kuvertüre und 2 TL Öl mit 1 TL Butter zerlassen und damit die Oberfläche garnieren. Linien ziehen oder Muster aufgießen.

Schnelle Bienenstichtorte

(für 1 Springform 26 cm Ø)

Alle Teigzutaten in einer Schüssel ca. 1 Minute zu einem glatten Teig verrühren. In eine gefettete Springform streichen, Mandeln und Zucker darüber streuen. Backen (die Oberfläche soll leicht gebräunt sein).

Aus dem Ofen nehmen und mit zerlassener Butter beträufeln. Boden am nächsten Tag quer durchschneiden und mit der Sahne-Pudding-Creme füllen.

Dafür von Milch, Zucker, Salz und Puddingpulver einen Pudding kochen. Die in 50 ml Wasser aufgelöste Gelatine in den heißen Pudding rühren. Nun die mit Sahnesteif und Vanillezucker steif geschlagene Sahne vorsichtig in die lauwarme Puddingmasse heben.
Zum Schluss die mit Mandeln und Zucker gebackene obere Teigplatte auf die Creme legen.

Eine unkomplizierte Torte, leicht und locker.

Teig:
3 Eier
125 g Zucker
150 g Mehl
1 Pck. Vanillezucker
1 Pck. Backpulver
3 EL Öl
2 EL Essig

Belag (mitbacken):
50 g Mandelblättchen (leicht geröstet)
50–75 g Zucker
75 g Butter

Creme:
600 ml Milch
2-3 EL Zucker
1 Prise Salz
1 Pck. Puddingpulver Vanille
1 Pck. Gelatine
200 ml Schlagsahne
1 Pck. Sahnesteif
1 TL Vanillezucker

Backzeit: 30–35 Minuten
Backhitze: 180 °C

Birnen-Heidelbeer-Schnitten

(für 1 Kuchenblech 25 cm x 24 cm oder 1 Springform 26 cm Ø)

Mürbeteig:
175–200 g Mehl
100 g Margarine
75 g Zucker
1 Ei
1 EL Wasser
1 TL Backpulver

Belag:
350 ml Milch
1 Puddingpulver Vanillegeschmack
250 g Quark (20% Fett)
1 Ei
3–4 EL Zucker
200 g Schmand
2 Pck. Vanillezucker
1–2 TL abgeriebene Zitronenschale
1 Glas Birnen (Konserve)
400 g Heidelbeeren mit Saft (Konserve)
2 Pck. heller Tortenguss

Backzeit:
Vorbacken 10 Minuten
Fertigbacken 15–20 Minuten
Backhitze: 180 °C

Alle Zutaten für den Mürbeteig rasch verkneten und 30 Minuten kalt stellen. Den Teig auf ein gut gefettetes Backblech oder in einer Tortenform ausrollen.

Für den Belag aus Milch und Puddingpulver einen straffen Pudding kochen. Quark mit Ei und Zucker verrühren, Schmand, Vanillezucker und Zitronenschale unterheben. Zuletzt den fast erkalteten Pudding unterrühren.
Den ausgerollten Teig ca. 10 Minuten kurz vorbacken, bis die Oberfläche etwas angetrocknet ist. Dann die Quark-Pudding-Masse auf dem Teig verstreichen.
Die gut abgetropften Birnenhälften in je 3 dicke Scheiben schneiden und auf der Quarkmasse verteilen. Backen.

Die Beeren mit Saft nach eigener Wahl oder mit Birnenabtropfsaft auf 400 ml auffüllen. Daraus mit dem Tortengusspulver nach Packungsanweisung einen Tortenguss kochen. Diesen Heidelbeerguss auf den abgekühlten Kuchen geben.

Tipp: Vor dem Backen kann etwas Zitronensaft über die Birnen geträufelt werden.

Stachelbeer-Sahne-Baiserschnitten

(für ½ Backblech)

Biskuitteig:
3 Eier
125 g Zucker
2 EL Wasser
100 g Mehl
50 g Speisestärke
1 TL Backpulver

Füllung:
½–bis ¾-Liter Glas Stachelbeeren
1 Pck. grüne Götterspeise
Zucker nach Geschmack
400 ml Schlagsahne
1 Pck. Vanillezucker
2 Pck. Sahnesteif
Baiserröschen (gekauft)

Backzeit: 15–20 Minuten
Backhitze: 180–200 °C

Eier mit Zucker kurz aufschlagen, Wasser zugeben und alles dickcremig schlagen. Mehl, Speisestärke und Backpulver vermischen und vorsichtig unterschlagen. Auf ein mit Backpapier belegtes Blech streichen und backen.

Die Stachelbeeren gut abtropfen lassen. Den Saft mit Wasser auf 400 ml auffüllen, kurz aufkochen. Götterspeise und evtl. Zucker einrühren, abkühlen lassen.

Stachelbeeren auf die erkaltete Biskuitplatte legen. Die fast erstarrte Götterspeise darüber verteilen. Am nächsten Tag die Sahne mit Vanillezucker und Sahnesteif recht steif schlagen. Die Biskuitplatte in 6 Quadrate schneiden und mit großen Sahnetupfen völlig bedecken. Mit etwas zerkrümelten Baiserröschen nicht zu dicht belegen.

Tipp: Die Quadrate können diagonal zerteilt werden.

Wolkenkuchen-Schnitten

(für ½ Backblech)

Eigelb, Zucker und Margarine dickcremig schlagen. Mehl mit Backpulver unterschlagen. Mit lauwarmer Milch streichfähig rühren. Alles auf ein gut gefettetes Backblech streichen. Eiweiß mit Zucker steif schlagen. Staubzucker mit Stärke vermischt unter den Eischnee heben. Diese Masse auf dem ganzen Kuchenteig verteilen. Mit einem Löffel Dellen eindrücken.
So wird die glatte Oberfläche zu kleinen Wölkchen.
Alles mit Mandelblättchen bestreuen und backen.
Die Mandeln sollen eine leichte Färbung haben.
Nun den Kuchen in der Mitte senkrecht teilen.
Eine Hälfte in beliebig große Quadrate oder Rechtecke schneiden.
Die Sahne mit Sahnesteif und Vanillezucker steif schlagen und die Früchte untermischen. Die Sahne-Fruchtmischung auf den halben Boden streichen und die gleichmäßig geschnittenen Vierecke darüber legen. So quillt beim Schneiden die Sahne nicht heraus.

Im Ur-Rezept aus den 80er Jahren wird der Kuchen mit Stachelbeeren gebacken. Heute mischt man auch Himbeeren oder Mandarinen darunter.
Mit Stachelbeeren schmeckt er aber am allerbesten.

Tipp: Eiweiß zum Anfang langsam schlagen, dann etwas schneller werden, dabei den Zucker allmählich unterschlagen. Staubzucker mit Speisestärke vermischt vorsichtig unterheben. Eine nicht zu kleine Schüssel nehmen. Es heißt: »Eiweiß braucht Platz und Zeit.«

Teig:
4 Eigelb
100 g Zucker
100 g Margarine
125 g Mehl
1 TL Backpulver
ca. 3 EL Milch

Füllung:
4 Eiweiß
125 g Zucker
75 g Staubzucker
1 TL Speisestärke
50–75 g Mandelblättchen
400 ml Sahne
2 Pck. Sahnesteif
1 Pck. Vanillezucker
½ Glas Stachelbeeren

Backzeit: 20–25 Minuten
Backhitze: 180 °C

Rhabarbertorte mit Erdbeersahne

(für 1 Springform 26 cm Ø)

Teig:
150 g Mehl
75 g Zucker
75 g Butter
1 Ei
1 Pck. Vanillezucker
½ TL Backpulver

Belag:
600 g Rhabarberwürfel
200 ml Orangensaft
1 Pck. Puddingpulver
1 Pck. Soßenpulver Vanillegeschmack
3–4 EL Zucker

Erdbeersahne:
250 g Erdbeerwürfel
3 EL Zucker
1 Pck. Gelatine
50 ml roter Saft oder Wasser
150 g Naturjoghurt
300 ml Schlagsahne
1 Pck. Sahnesteif

Backzeit: 15–20 Minuten
Backhitze: 180 °C

Von Mehl bis Backpulver einen Mürbteig kneten und auf einem Tortenblech (26 cm Ø) ausrollen. Rhabarberstücke mit dem Saft aufkochen.
Das Puddingpulver mit Soßenpulver in etwas weggenommenem Saft verquirlen und mit dem Rhabarber und Zucker kurz kochen. Auf dem Mürbeteig verteilen (vorher kann der Teig mit etwas Grieß bestreut werden). Backen.

Erkaltet eine Erdbeersahne darüber verteilen. Dafür die Erdbeerwürfel mit Zucker fein pürieren. In einem Topf erwärmen und die mit 50 ml Saft oder Wasser aufgelöste Gelatine flott und gründlich unterrühren.
Vor Gelierbeginn den Joghurt einrühren. Die mit Sahnesteif geschlagene Sahne unterheben. Über dem Rhabarber verteilen. Der äußere Rand kann mit leicht gerösteten Mandelblättchen garniert werden.

Eine erfrischende leichte Sommertorte.

Apfel-Schmand-Sahnetorte

(für 1 Springform 26 cm Ø)

Teig:
3 Eier
1 gestr. TL Zitronenschale
125 g Zucker, 75 g Mehl
75 g Speisestärke
1 gestrichener TL Backpulver
20 g Butter

Füllung:
500 g Apfelspalten
Saft von 1 kleinen Zitrone
300 ml gelber Saft nach Wahl (z.B. Orangensaft)
2–3 EL Zucker
1 Pck. Puddingpulver
1 Pck. Soßenpulver Vanillegeschmack

Belag:
200 ml Schmand
50 g Staubzucker
1 Pck. gemahlene Gelatine
300 ml Sahne
1 Pck. Sahnesteif
1 Pck. Vanillezucker
100 g Schokoblättchen

Eier mit Zitronenschale und Zucker cremig schlagen. Mehl, Speisestärke und Backpulver langsam unterschlagen. Die zerlassene Butter langsam unterheben. Den Teig in eine Springform geben und backen.

Geschälte Äpfel in Spalten, dann in kleine Würfel schneiden und mit Zitronensaft beträufeln.
200 ml gelben Saft mit Zucker verrühren, in einem Topf aufkochen und die Apfelwürfel darin ziehen lassen, bis sie weich sind. Im Rest Saft Pudding und Soßenpulver verrühren und unter die Apfelmasse rühren. Einige Male aufkochen, Tortenboden in der Mitte durchschneiden und mit der Apfelmasse füllen. Den zweiten Boden darüber legen und andrücken.

Schmand mit Staubzucker verrühren. Gelatine in 4 EL heißem Wasser auflösen und flott unter den Schmand rühren. Die mit Sahnesteif und Vanillezucker steif geschlagene Sahne untermischen, Schokoblättchen unterheben. Diese Masse auf dem zweiten Boden verteilen. Um den Rand 2 Reihen kleine Sahnetupfen spritzen.

weiter auf Seite 62 ➳

Garnitur:
100–200 ml Sahne
1 Pck. Vanillezucker
1 Pck. Sahnesteif
bunte Geleefrüchte oder
Rumkugeln nach Wunsch

Backzeit: 25–30 Minuten
Backhitze: 180 °C

Darunter 12–14 große Sahnerosetten spritzen und Geleefrüchte oder Rumkugeln darauf legen.
Die Tortenmitte mit einer Kompottschüssel markieren und mit grob gehackter Schokolade oder Schokoraspeln bestreuen.

Sehr feine Festtagstorte, die innen und außen etwas hermacht. Im Kühlschrank aufbewahrt, sieht man ihr das Alter auch nach fast einer Woche noch nicht an.

Tipp: Die Torte kann nach Lust und Laune verziert werden. Besonders festlich sieht sie aus, wenn man in die Sahnerosetten kleine Rumkugeln setzt und darunter ganz fein geschnittene gelbe Geleefrüchte.

Nusstorte mit Schokosahne (Männertorte)

(für 1 Springform 26 cm Ø)

Margarine mit Zucker schlagen. Eier und Salz unterziehen. Den Quark etwas ausdrücken und zusammen mit der weichen Nougatcreme, Nüssen, Mehl und Backpulver unterschlagen. Den Teig in einer gefetteten Springform backen.

Schokolade kleinhacken und mit der Sahne erhitzen. Rühren, bis alles glatt ist. 2–3 Stunden oder auch über Nacht in den Kühlschrank stellen. Diese gekühlte Masse aufschlagen, bis alles dick und cremig ist (2–3 Minuten). Einen Teil von der Schokosahne auf die Tortenoberfläche streichen. Mit dem Rest Schokotupfen auf die Torte spritzen. Zum Schluss mit Schokoraspeln garnieren.

Eine saftige, etwas herbe Torte.

Tipp: Wer die Schokosahne stabiler möchte, nimmt nur 200 ml Sahne.

Teig:
75 g Margarine oder Butter
100 g Zucker
1 Prise Salz
3 Eier
125 g Quark (20%)
100 g Nougatcreme
150 g gemahlene Nüsse
100 g Mehl
½ Pck. Backpulver (reichlich)

Schokosahne:
100 g Bitterkuvertüre
oder Bitterschokolade
250 ml Sahne

Backzeit: 30–35 Minuten
Backhitze: 175–180 °C

Kirsch-Sahne-Schnitten

(für 1 Backblech)

Teig:
2 Rollen Blätterteig (Kühlregal)
2–3 EL rote Marmelade

Guss:
100 g Staubzucker
½ EL Wasser

Belag:
1-Liter-Glas Sauerkirschen
300 ml Kirschsaft
Zucker nach Geschmack
1 Pck. Puddingpulver Vanillegeschmack
600–700 ml Sahne
2 Pck. Sahnesteif
2 EL Vanillezucker

Backzeit: 10–12 Minuten
Backhitze: 200–220 °C

Den Blätterteig aus der Folie nehmen und auf ein normal großes, mit kaltem Wasser abgespültes Backblech legen. Mit einer Gabel etwas einstechen. Backen. Nach der halben Backzeit den Blätterteig etwas beschweren, evtl. mit einem kleinen Kuchenblech, damit sich der Teig nicht so aufplustern kann. Es soll eine leicht gewellte bis glatte Fläche entstehen. Nach dem Backen den Boden senkrecht in der Mitte teilen. Eine Hälfte mit heißer Marmelade dünn bepinseln. Etwas angetrocknet einen weißen Zuckerguss darüber pinseln oder mit einem Löffel darüber streichen. Erkaltet oder auch erst am Folgetag den unteren Boden mit einer Kirschmasse bestreichen.
Dafür 300 ml Kirschabtropfsaft mit Puddingpulver andicken. Die gut abgetropften Kirschen unterrühren. Die Sahne mit Sahnesteif und Vanillezucker steif schlagen und über der Kirschmasse verstreichen. Den zweiten Boden in Rechtecke schneiden und auf die Sahne nebeneinander legen. Auf die Oberfläche jedes Rechtecks einen Sahnetupf spritzen und mit einer frischen oder einer Belegkirsche garnieren. Von der steif geschlagenen Sahne 2–3 EL für die Garnierung der Torte in einen Spritzbeutel mit großer Tülle geben und bis zum Servieren in den Kühlschrank legen.

Tipp: Man kann auch 300 – 400 g frische Kirschen verwenden. Dann aus 300 ml Wasser, 2 – 3 EL Zucker und 1 Pck. glatte Rote Grütze eine Grütze kochen und die entsteinten Kirschen unterrühren.

Aprikosen-Karamell-Torte

(für 1 Springform 26 cm Ø)

Karamellmasse:
50 g Zucker
50 g Butter
75 ml Sahne

Außerdem:
100 g Zucker
125 g Butter
250 g Mehl
2 TL Backpulver
3 Eier
8–10 frische Aprikosen
3 EL Rum, Rosinen
50 g Mandelblättchen
Staubzucker

Backzeit: 60–70 Minuten
Backhitze: 175 °C

Zuerst die Karamellmasse zubereiten. Dafür den Zucker langsam bei geringer Hitze zerlassen und etwas karamellisieren. Die Butter zugeben. Ist alles goldbraun, die Sahne zugeben und glatt rühren. Abkühlen lassen.
Zucker mit Butter cremig schlagen. Die Eier nach und nach unterschlagen. Nun die handwarme Karamellmasse untermischen. Mehl mit Backpulver unterrühren. Alles in eine Springform verteilen. Die Aprikosen waschen, halbieren, entsteinen und eng beieinander mit der Schnittfläche nach oben auf den Teig legen.

In Rum eingelegte Rosinen in die Aprikosenhälften legen. Mandelblättchen darüber streuen. Die Torte backen. Die erkaltete Torte mit Staubzucker besieben.

Eine aromatisch-saftige Sonntagstorte, die sich einige Tage hält.

Marzipantorte mit Karamellguss

(für 1 Springform 26 cm Ø)

Von Mehl bis Butter einen Mürbeteig kneten. (Ohne Kakao.) Den Teig teilen, eine Hälfte mit Kakao verkneten. Den dunklen Teig in eine Springform geben und backen.
Den hellen Teig auf ein zweites gut gefettetes Tortenblech ausrollen. Aus Milch mit Soßenpulver einen etwas flüssigen Pudding kochen. Eier gut verquirlen und in den noch heißen Pudding rühren. Marzipan zerbröckeln, mit Milch und Bittermandelöl mit dem Rührgerät zu einer glatten Masse rühren. Diese Masse mit dem Pudding vermischen und alles auf dem hellen Teig verstreichen. Backen.

Den abgekühlten dunklen Boden dünn mit der Marmelade bestreichen. Dann mit der Marmeladenseite auf die gebackene Pudding-Marzipanschicht legen und etwas andrücken.

Für den Guss Zucker mit Wasser ganz langsam bei geringer Hitze schmelzen und etwas karamellisieren lassen. Die Butter dazugeben und alles bei starker Hitze unter Rühren goldbraun werden lassen.
Mit Milch loskochen. Die Schokolade zerbröckeln und unterrühren. Mit Sirup und Rum glatt rühren, damit sich alles gut verbindet. Den Guss vorsichtig über die dunkle Teigoberfläche geben. Wer mag verziert den Tortenrand noch mit etwas Schlagsahne.

Diese Torte hat zwar viel Text, aber sie macht nicht so viel Arbeit wie es aussieht.

Teig:
350 g Mehl, 1 TL Backpulver
100 g Zucker, 1 Ei
200 g Butter, 1 EL Kakao

Füllung:
250 ml Milch
1 Pck. Soßenpulver Vanillegeschmack
2 Eier
300 g Rohmarzipan
1 Fl. Bittermandelöl
75 ml Milch

Karamellguss:
50 g Zucker, 1 EL Wasser
50 g Butter, 50 ml Milch
100 g weiße Schokolade
2 EL Rum, 2 TL Rübensirup

Außerdem:
2–3 EL Aprikosenmarmelade

Backzeit dunkler Boden:
10–15 Minuten
Backhitze dunkler Boden:
180–200 °C
Backzeit heller Boden:
20–25 Minuten
Backhitze heller Boden: 180 °C

Pfirsichtorte mit »Geist«

(für 1 Springform 26 cm Ø)

Teig:
3 Eier
100 g Zucker
125 g Mehl
3/4 TL Backpulver

Belag:
1 Dose Pfirsiche
2 Pck. Aranca Joghurt Dessert Aprikose-Maracuja
Saft von 1 Bio-Zitrone
400 ml Sekt (2 Piccolo)
400 ml Sahne
2 Pck. Sahnesteif

Garnitur:
200 ml Sahne
1 Pck. Sahnesteif
2–3 EL Krokant
1 Pck. Sahnesteif
Schokoraspeln

Backzeit: 15–20 Minuten
Backhitze: 180 °C

Eier mit Zucker dickcremig schlagen. Mehl mit Backpulver langsam unterschlagen. Backen.

Die gut abgetropften Pfirsiche in Streifen schneiden oder bereits geschnittene Tortenpfirsiche verwenden. Den gebackenen Tortenboden mit Sahnesteif bestreuen und die Pfirsichstreifen darüber verteilen.

Das Arancapulver mit dem Sekt einige Minuten aufschlagen, bis alles leicht angedickt ist. Kurz kühl stellen. Nun die mit Sahnesteif steif geschlagene Sahne unterheben. Alles über den Pfirsichen verteilen. Den Tortenrand mit Sahne bespritzen und mit Schokoraspeln, die Tortenmitte mit Krokant bestreuen.

Eine ganz hervorragende festliche Torte.

Tipp: Wer mag verziert die Tortenoberfläche noch mit schmalen Pfirsichstreifen und Schokoröllchen.

Kekse und Plätzchen – nicht nur für die Adventszeit

Zitronenkränzchen

Alle Zutaten zu einem Teig verkneten und kühl stellen. Je 1 walnussgroßes Stück Teig abteilen und zu einer dünnen Rolle von ca. 15 cm formen. Das geht am besten auf einem Holzbrettchen. Auf ein bemehltes Blech legen, die Röllchen zu Kränzchen formen. Backen.

Erkaltet mit Zuckerguss bepinseln (aus 1 EL Zitronensaft, Staubzucker und 1 TL zerlassenem Hartfett) und mit bunten Zuckerstreuseln bestreuen.

150–175 g Mehl
65 g Zucker, 75 g Butter
Salz, 1 Pck. Vanillezucker
1–2 TL Zitronenschale
1 Eigelb

Backzeit: 10–15 Minuten
Backhitze: 180–190 °C

Haferflockensplitter

Die Haferflocken in einer trockenen Pfanne ohne Fett rösten. Alle übrigen Zutaten mit Milch kochen. Dann die gerösteten Haferflocken unter die gekochten Zutaten heben. Von der Masse mit einem Löffel Häufchen abstechen und auf einem Pergament- oder Backpapier trocknen lassen.

Ganz altes DDR-Rezept für knusprig-süße Weihnachtsplätzchen.

2–3 Tassen Haferflocken
50 g Butter, 300 g Zucker
2 EL Kakao, 1 Prise Salz
½ Tasse Milch

Seite 68, von links: Nussplätzchen (S. 72), Haferflockenplätzchen (S. 72), Hinten: Zitronenkränzchen

Haferflockenplätzchen

Teig:
125 g Haferflocken
2 Eier, 75 g Butter
75 g Zucker
50 g gemahlene Haselnüsse
evtl. 1 EL Mehl

Garnitur:
30 g zerlassene Kuvertüre
oder Schokolade
1 TL Hartfett

Die Haferflocken in einer trockenen Pfanne etwas rösten und abgekühlt mit den übrigen Zutaten vermischen. Nicht zu dünn ausrollen, runde Plätzchen ausstechen. Backen.

Kuvertüre mit Hartfett verrühren und die Plätzchen mit Schokolinien garnieren.

Backzeit: 15 Minuten
Backhitze: 180 °C

Nussplätzchen

Teig:
65 g Zucker
50 g Butter, 1 Ei
50 g gehackte Walnüsse
¼ TL Backpulver
100 g Mehl

Belag:
50 g Schokoblättchen
1 EL Krokant
Belegkirschen oder kleine
Stücke von Geleefrüchten

Zucker und Butter cremig schlagen, Ei unterziehen. Dann mit den übrigen Teigzutaten vermischen. Kleine Häufchen auf ein gefettetes Blech setzen (sie laufen etwas breit). Backen.

Schokoblättchen auf die etwas abgekühlten Häufchen streuen, Krokant darauf streuen und mit den Früchten dekorieren.

Backzeit: 10–15 Minuten
Backhitze: 200 °C

Schokoplätzchen

Alle Zutaten miteinander zu einem Teig verkneten, nicht zu dünn ausrollen. Kleine runde Plätzchen ausstechen und in groben Zucker drücken. Dann bei starker Mittelhitze backen.

Gab es schon zu DDR-Zeiten immer zu Weihnachten.

Tipp: Die Plätzchen sollen nicht austrocknen bei zu schwacher Hitze. Sie sollen saftig bleiben. Sobald die Plätzchen beim Backen Risse bekommen, sind sie richtig.

250 g Mehl, 6 EL Milch
25 g Kakao, 60 g Butter
2 gestrichene TL Backpulver
150 g Zucker
1 Pck. Vanillezucker

Backzeit: 10 Minuten
Backhitze: 180–200 °C

Kokostaler

Alle Zutaten verkneten und zu einer Rolle formen. Über Nacht im Kühlschrank ruhen lassen.
Am Backtag die Rolle in etwa ½ bis 1 cm dicke Scheiben schneiden und auf einem Backblech backen.

Diese Plätzchen nach einem alten DDR-Rezept habe ich vor ca. 50 Jahren kennengelernt und dann jedes Jahr wieder zur Weihnachtszeit gebacken. Es lohnt sich, auch wenn die Zutaten nicht vielversprechend klingen.

200 g Mehl, 1 EL Kakao
175 g Zucker
1 Pck. Schokoladenpuddingpulver
1 Pck. Backpulver
1 Pck. Vanillezucker
3 EL Milch, 125 g Margarine
65 g Kokosraspeln
25 g gehackte Mandeln

Backzeit: 10 Minuten
Backhitze: 180–200 °C

»Kosakenzipfel« á la Dietze

(für ca. 10–12 Stück)

Teig:
2 Eier
75 g Zucker
1 EL Wasser
50 g Mehl
50 g Speisestärke
1 Pck. Vanillezucker
½ TL Backpulver

Creme und Überzug:
200 ml Milch
1 Pck. Soßenpulver Vanillegeschmack
50 g Butter
50 g zerlassene Schokolade
25 g Hartfett
1 EL Marmelade
1 EL Rum
¼–½ Fl. Rumaroma
50 g Bitterkuvertüre
½ EL Hartfett

Backzeit: 15–20 Minuten
Backhitze: 180 °C

Eier, Zucker und Wasser dickcremig schlagen, Mehl, Speisestärke, Vanillezucker und Backpulver langsam unterschlagen. Teig in eine gefettete Springform von 26 cm Ø streichen. Backen. Erkaltet mit einem Schnapsglas von 4 cm Ø 10–12 Plätzchen ausstechen. Den Rest Teig grob zerkrümeln und auf einem Blech kurz etwas anrösten. So lassen sich die Krümel mit dem Multiboy besser ganz klein (etwa wie Grieß) zerschlagen.

Aus Milch und Soßenpulver einen Pudding kochen, der abgekühlt mit Butter zu einer Creme geschlagen wird. Die mit Hartfett zerlassene Schokolade abgekühlt unterschlagen. Marmelade, Rum und Aroma unterrühren. Alles kurz in den Kühlschrank stellen. Nun von dem Teig kleine Türmchen, die mit dem Plätzchenrand abschließen, formen (immer Teig mit einem Cremehäufchen). Wieder kühl stellen. Nun die Kuvertüre mit Hartfett auflösen und die Kosakenzipfel damit ungleichmäßig überziehen. Mit einem Teelöffel diesen Überzug von oben her darauf träufeln. Es soll noch etwas von der hellbraunen Creme zu sehen sein.

Ein feines cremiges Gebäck mit knackiger Schokolade, auch als »Granatsplitter« bekannt.

Tipp: Die geformten Türmchen sollen nach oben hin immer schmaler werden.

Pfefferkuchen »Mama«

(für ca. 6–7 große runde Backbleche)

Teig:
250 g süße Mandeln
750 g Mehl
500 g Zucker
250 g Butter
3 Eier
½ Tasse Milch
2 Pck. Backpulver
125 g Zitronat
¼ abgeriebene Muskatnuss
1 TL Nelkenpulver
20 g Zimtpulver
2–3 EL Kakao
1 Pck. runde Back-Oblaten
(100 Stück à 70–80 mm Ø)

Schokoguss:
1 Ei
3–4 EL Zucker
3–4 EL Kakao
125 g Hartfett
Evtl. 1 EL Rum

Backzeit: 15–20 Minuten
Backhitze: 180 °C

Mandeln überbrühen, die Haut abziehen und mit dem Wiegemesser zerkleinern. Mit allen übrigen Zutaten zu einem Teig vermischen.
Der Pfefferkuchenteig sollte nicht zu weich sein, sich aber gut auf die Oblaten streichen lassen. Backen.

Die erkalteten Pfefferkuchen mit einem Schokoguss überziehen. Das Ei mit Zucker gut verrühren, Kakao unterrühren. Das zerlassene warme Hartfett untermischen, alles mit Rum glatt rühren.

Diese Pfefferkuchen kennen viele. Aber nicht alle kennen das Rezept. Im Krieg gab es diese kostspieligen Zutaten für die Weihnachtsbäckerei nur auf Zuteilung.

Tipp: Mit Kuvertüre geht es schneller. Dafür 200 g Bitterschokoladen-Kuvertüre im nicht zu heißen Wasserbad langsam schmelzen.
Im Steintopf aufbewahrt bleiben die Pfefferkuchen immer weich und saftig.

Butterplätzchen

Butter, Zucker und Ei mit Vanillezucker und Zitronenschale untereinander rühren. Mehl mit Backpulver vermischt zugeben und alles mit einem Rührgerät zu einem festen Teig verkneten. Eine Kugel formen und 1 bis 2 Stunden im Kühlschrank ruhen lassen.

Dann auf einem Brett etwa 3 mm dick ausrollen. Plätzchen ausstechen, auf ein Backblech legen und mit leicht verquirltem Eigelb besteichen. Backen. Mit Staubzucker besieben.

Diese althergebrachten Butterplätzchen werden vorwiegend in der Adventszeit gebacken, aber auch zu anderen Festivitäten.

200 g Butter
1 Ei
200 g Zucker
350–400 g Mehl
½ TL Backpulver
1 Eigelb
1 EL Kaffeesahne oder Milch
1 Pck. Vanillezucker
abgeriebene Schale
von 1 Bio-Zitrone
Staubzucker

Backzeit: 10–12 Minuten
Backhitze: 175 °C

Schmandsterne

175 g Mehl
2 Pck. Vanillezucker
100 ml Schmand
125 g Butter
50 g gehackte Mandeln

Backzeit: 15–10 Minuten
Backhitze: 200 °C

Mehl, Vanillezucker und Schmand mit kalten Butterflöckchen verkneten. Den Teig ca. ½ cm dick ausrollen und Sterne oder runde Plätzchen ausstechen. Auf ein gefettetes, mit Mehl bestäubtes Backblech legen. Gehackte Mandeln darüber streuen und etwas andrücken. Backen.

Ein blätterteigähnliches Adventsgebäck.

Vanilleeckchen

Teig:
125 g Butter, 125 g Zucker
250–300 g Mehl
2 Pck. Vanillezucker
1 TL Backpulver

Dekor:
50-100 g Kuvertüre
bunte Zuckerstreusel

Backzeit: 10–15 Minuten
Backhitze: 180 °C

Teigzutaten verkneten und den Teig dünn ausrollen. Kleine Ecken ausrädeln und auf einem Backblech backen.
Die Kuvertüre ganz langsam im Wasserbad zerlassen, damit sie nicht den Glanz verliert. Über die Plätzchen geben und mit einem Pinsel verstreichen.
Mit Zuckerstreuseln bestreuen.

Feines weihnachtliches Knuspergebäck.

Rezeptverzeichnis nach Gebäckarten

Hefe- und Backpulverkuchen

Torten und Schnitten

Kekse und Plätzchen

DIE THÜRINGER KÜCHENBIBLIOTHEK

Fragen Sie in Ihrer Buchhandlung oder bestellen Sie auf unserer Homepage
www.buchverlag-fuer-die-frau.de

Alle Bände 16,5 cm x 20 cm, Farbfotos, gebunden.

Feines Gebäck in Thüringer Art
ISBN 978-3-932720-55-0

Genießen in Thüringen
ISBN 978-3-89798-300-7

Gute Thüringer Landrezepte
ISBN 978-3-89798-646-6

Kochen und Backen in Thüringen
ISBN 978-3-932720-56-7

Leichte Torten & Lieblingsspeisen
ISBN 978-3-89798-647-3

Mein Thüringer Rezeptschatz
ISBN 978-3-89798-480-6

Meine Thüringer Küche
ISBN 978-3-89798-648-0

Neue Köstlichkeiten
ISBN 978-3-89798-394-6

Plauderei an der Thüringer Kaffeetafel
ISBN 978-3-89798-344-1

Schnelle Thüringer Küche
ISBN 978-3-932720-30-7

Thüringer Allerlei
ISBN 978-3-89798-644-2

Thüringer Festtagskuchen
ISBN 978-3-932720-31-4

Thüringer Landküche
ISBN 978-3-89798-645-9

Neue Thüringer Festtagskuchen & mehr
ISBN 978-3-89798-649-7